Ulrike Rylance
Karolin Przybill

Pias besonderes Talent

مَوْهِبة بِيَا المُمَيَّزة

Edition bi:libri

„Was könnt ihr denn besonders gut?“,
fragt Frau Waldmann die Kinder in Pias Klasse.
Sofort reden alle durcheinander.
„Ich kann total gut singen“, ruft Anni.
„Ich werde mal ein berühmter Popstar.
Und dann komme ich ins Fernsehen.“
Sie stellt sich auf ihren Stuhl
und fängt an zu singen.
Pia ist nicht sicher, ob es total gut klingt.
Es klingt auf jeden Fall total laut.

"مَا الذّي تَسْتَطِيعُون فِعْلَهُ بِشَكلٍ مُمَيَّزٍ؟"،
سَأَلَتْ السَّيِّدَةُ فَالدْمَان الأَطْفَالَ فِي صَفِّ بِيَا.
عَلَى الْفَوْرِ تَحَدَّثَ الْجَمِيعُ بِشَكْلٍ مُشَوَّش.
"أَسْتَطِيعُ أَنْ أغَنّي بِشَكْلٍ جَيِّدٍ جدا"، نَادَتْ آني.
"سَأُصْبِحُ يَوْمًا نَجْمَة بوب شَهِيرَة. وَسَأَظْهَرُ عَلَى التّلْفَازِ."
وَقفتْ عَلَى كُرْسِيّهَا وَبَدَأَتْ تُغَنّي. بِيَا لَيْسَتْ مُتَأَكّدَةً،
فِيمَا إذاَ كَانَ ذَلِكَ جَيِّدًا. لَقَدْ كانَ ذَلِكَ عَلَى كُلِّ حَال عالِياً جِداً.

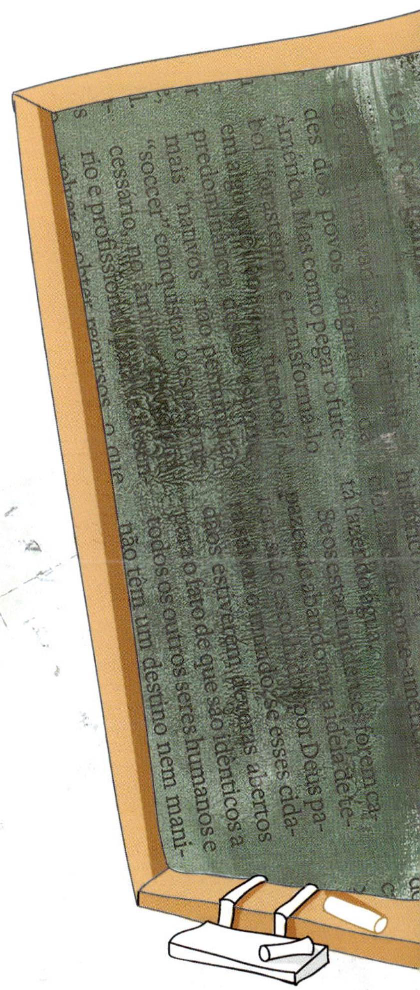

„Ich kann wahnsinnig gut reiten“, sagt Nele stolz.
„Ich habe mein eigenes Pferd.
Es heißt Anton und kann hoch springen
und schnell wie der Wind rennen.“
Pia hat kein Pferd, nur einen kleinen Hamster.
Er heißt Fluffel und kann gar nichts.

"أستَطِيعُ اِمْتِطاءَ الْخَيْل بِشَكلٍ جُنونِـي"، قَالَتْ نِيلِي بِفَخرٍ.
"لَديّ حِصَاني الخاصْ.
يُدْعَى أَنْتُون وَيَسْتَطِيعُ الْقَفْزَ عَالِيًا وَيَجْرِي بِسُرعَةٍ كَالريحِ."
بِيَا لَيْسَ لَدَيْها حِصَان، فَقَطْ هَامستر صَغِير.
يُدْعَى فْلوفِلْ وَلَا يَسْتَطِيعُ فِعْل أَيّ شَيْءٍ.

„Und ich bin der beste Torwart", sagt Ahmet.
„Ich lasse keinen Ball rein. Ich werde bestimmt
mal bei der Weltmeisterschaft mitmachen."
Er steht auf und zeigt allen, wie er sich immer
hinschmeißt, um den Ball abzuwehren.
Pia ist schwer beeindruckt.

"وَأَنَا أَفْضَلُ حَارِس مَرْمَى"، قَالَ أَحْمَد.
"لَا أَسَمْحُ لأَيّ كرَةٍ أَنْ تَدْخلَ.
سَأُشَارِكُ يَوْمًا مَا بِالتَّأْكِيدِ فِي كَأسِ الْعَالَمِ."
وَقَفَ وَأظهرَ لِلجَمِيعِ، كَيْفَ يَرْمِي نَفْسهُ
دَائِمًا لِصَدِّ الْكُرَةِ.
بِيَا إنْدَهَشَتْ جِداً.

„Und ich spiele Geige“, sagt Ben.
„Schon seit ich drei Jahre alt bin.
Ich bin ein Wunderkind, sagt meine Mama.
Ich habe sogar schon mal
bei einem Konzert mitgemacht.“

"وأَنا أَعْزِفُ عَلَى الْكمَانِ"، قَالَ بين.
"مُنْذ كُنْتُ فِي الثالِثَةِ مِنْ عُمْرِي.
أَنَا طِفْلٌ مُدْهِشٌ، قَالتْ أُمّي.
شَارَكْتُ أيْضاً إحْدَى الْمَرَّاتِ فِي حَفْلٍ مُوسِيقي."

Unglaublich. Pia kann gar nicht fassen,
was die anderen Kinder alles Tolles können:
Yasmin spricht nämlich vier Sprachen,
Leonie kann total gut malen,
Boris kann sensationelle Zaubertricks,
und Max hat einen blauen Gürtel in Karate.

غَيْر مَعْقول. بِيَا لَا تَسْتَطِيع أَنْ تُصَدّق شَيْء،
كَيْفَ أنَّ الأَطْفَال الآخَرُون يَسْتَطِيعُونَ فِعْلَ أَشْيَاء رَائِعَة:
يَاسمِين تَتَحَدّث أَرْبع لغَاتٍ،
لِيُونِي تَسْتَطِيعُ الرَّسْمَ بِشَكْلٍ جَيّدٍ جِداً،
بُورِيس يَسْتَطِيعُ الْقِيَامَ بِخدعٍ سِحْرِيَّةٍ مُبْهِرَةٍ،
وَمَاكْس لدَيْهِ حِزَامًا أَزْرَقاً فِي الْكَارَاتِيه.

K
A
p

„Was kannst du denn gut, Pia?“,
fragt Frau Waldmann da plötzlich.
Pia wird ganz rot, denn jetzt gucken alle sie an.
Ihr fällt absolut nichts ein, was sie gut kann.
Sie kann nicht singen, zaubern, malen, reiten
oder Geige spielen.
Sie kann auch keine Fremdsprache und als
Torwart würde sie sofort schreiend wegrennen.
„Ich kann ...“, sagt Pia. „Also, ich kann ...“

"ماذا تُجيدِينَ، يا بِيَا ؟"، سَألَتْ السَّيِّدَةُ فَالدْمَان فَجْأَة.
بِيا إحْمَرَّتْ تَمَاما، لِأنَّ الآن الجَميع يَنْظرون إليْها.
لَمْ يَخْطر بِبَالِهَا شَيْء تُجِيدُه.
لَا تَسْتَطِيعُ الْغِنَاءَ، الألعَاب السِّحْرِيّة،
الرَّسْمَ، رُكوب الْخَيْلِ أَو العَزْفَ عَلَى الْكمَانِ.
لَا تَسْتَطِيعُ أَيْضاً التَّحَدُّثَ بِلُغَاتٍ أَجْنَبِيَّةٍ
وَ كَحارِسة مَرْمَى سَتصْرُخ و تَهرُب في الحالِ.
"أَنَا اَسْتَطِيعُ..."، قَالَتْ بِيَا. "حَسَناً، أَنَا اَسْتَطِيعُ..."

„Na?“, fragt Frau Waldmann freundlich.
„Jeder hat doch ein besonderes Talent.“
„Ich kann ...“ Pia verstummt.
Da knallt es ganz laut hinter ihr.
Theo hat gekippelt und ist umgefallen.
Theo ist ganz wild und
macht immer nur Blödsinn.

"حَسَنًا؟"، سَأَلَتْ السَّيِّدَةُ فَالْدَمَان بِلطفٍ.
"كُل وَاحِد لدَيْهِ مَوْهِبَة مُمَيَّزَة."
"أَنَا اَسْتَطِيعُ..." بِيا سَكَتَتْ.
هُنَا دَوَّى صَوْتٌ مُرْتَفِعٌ جِدّاً خَلْفَهَا.
تِيُو مَالَ وَسَقَطَ أَرْضًا.
تِيُو هَمَجِيٌّ جِدّاً وَيَفعَلُ الْحَمَاقَاتِ دَائِمًا.

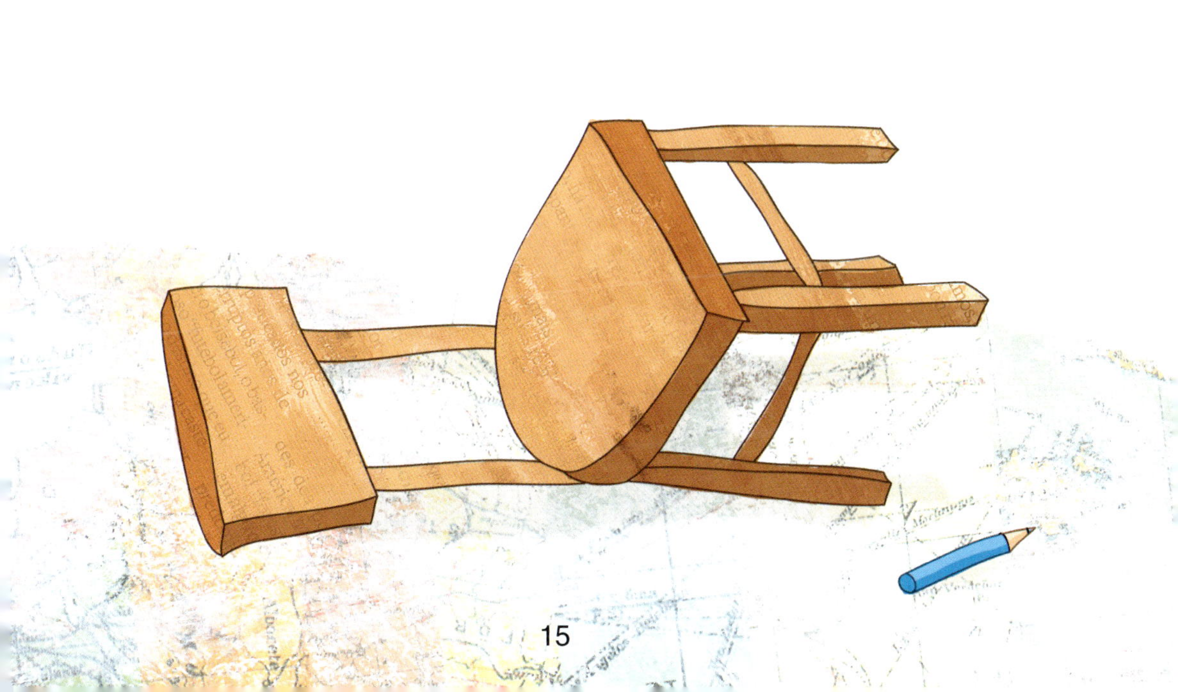

„Theo kann total gut kippeln“,
ruft jemand und alle lachen
und verdrehen die Augen.
Theo nervt nämlich immer und
niemand kann ihn so richtig leiden.
Frau Waldmann guckt auch ganz streng.
Aber jetzt ist Pia froh,
dass sich alle über Theo aufregen.
Da fragt wenigstens niemand mehr,
was sie gut kann.

"تِيُو يَسْتَطِيعُ التَّمَايُلَ جَيِّدًا"،
نَادَى أحَدٌ وَضَحِكَ الْجَمِيعُ وَأدَارُوا أعْيُنَهُم.
تِيُو يُزْعِجُ دَائِمًا وَلَا يَسْتَطِيعُ أحَدٌ أَنْ يَتَحَمَّلَهُ.
السَّيِّدَةُ فَالدْمَان نَظَرَتْ أَيْضاً بِصَرَامَةٍ.
لَكِنَّ بِيَا سَعِيدَة الآنَ، لِأَنَّ الْجَمِيعَ مُنْزَعِجٌ مِنْ تِيُو.
الآن لَنْ يَسْأَلَ أحَدٌ عَلَى الأَقَل ماذا تُجِيد.

Auf dem Heimweg überlegt Pia erneut,
was sie besonders gut kann.
Aber es fällt ihr leider immer noch nichts ein.
Das macht sie ganz traurig.
Vorn an der Ecke sieht sie Theo.
Er hebt gerade etwas von der Straße auf.
Pia kommt näher und sieht,
dass all seine Schulsachen auf dem Boden liegen.

فِي طَرِيقِهَا إِلَى الْبَيْتِ فَكَّرَتْ بِيَا
مُجَدَّدًا مَا الَّذِي تُجِيدُهُ بِشَكْلٍ مُمَيَّز.
لَكِنْ لَمْ يَخطر بِبَالِهَا شَيْءٌ لِلأَسَفِ حَتَّى الآن.
هَذَا يُحْزِنُهَا كَثِيرًا.
أَمَامَهَا فِي الزَّاوِيَةِ رَأَتْ تِيُو.
لِلتوّ رَفَعَ شَيْءً مِنَ الشَّارِعِ.
بِيَا اِقْتَرَبَتْ وَرَأَتْ،
أَنَّ جَمِيعَ أَغْرَاضِهِ الْمَدْرَسِيَّةِ مُلْقَاة عَلَى الأَرْضِ.

„Die Doofis da haben
meinen Ranzen ausgekippt“,
sagt Theo wütend und zeigt zum Zaun.
Da stehen ein paar große Jungs und lachen.
„Echt doofe Doofis“, sagt Pia.
Dann hilft sie Theo beim Aufheben, obwohl
sie ihn ja eigentlich gar nicht richtig leiden kann.

"هَؤُلاءِ الأَغْبِيَاء أَوْقَعُوا حَقِيبَتِي المَدْرَسِيَّة أَرْضًا"،
قَالَ تِيُو غَاضِبًا وَأَشَارَ إِلَى السّورِ.
هُنَاكَ يَقِفُ بَعْضُ الشَّبَابِ وَيَضْحَكُون.
"حَقًّا أَغْبِيَاء حَمْقَى"، قَالَتْ بِيَا.
ثُمَّ سَاعَدَتْ تِيُو عَلَى التِقَاطِ الأَغْرَاضِ،
عَلَى الرُّغْمِ مِنْ أَنّهَا فِي الْوَاقِعِ لَا تَسْتَطِيعُ أَنْ تَتَحَمَّلَهُ أبدًا.

Am Nachmittag fragt sie Papa zu Hause
nach ihrem besonderen Talent.
„Na, du kannst doch so viel“, sagt Papa.
„Du bist nämlich was ganz Besonderes.
Zum Beispiel kannst du sehr gut ...“
Aber da klingelt Papas Handy,
und er redet zwei Stunden lang
mit wichtigen Leuten,
und dann muss er
zurück ins Büro.

فِي الْمَسَاءِ سَأَلَتْ وَالِدهَا فِي الْبَيْتِ عَنْ مَوْهِبَتِهَا الْمُمَيَّزَةِ.
"حَسَناً، أنْتَ تُجِيدين حَقًّا الْكَثِير"، قَالَ الْأَبُ.
"لِأَنّكِ شَيْءٌ مُمَيّزة جِدّاً.
عَلَى سَبِيل الْمِثَال تَسْتَطِيعِينَ جَيّدًا..."
لَكِنْ فِي هَذِهِ اللَّحْظَةِ رَنَّ هَاتِفُ الْأَب،
وَتَحَدَّث سَاعَتَيْن مَعَ أَشخَاص مُهمِين،
وَبَعْدهَا وَجَب عَلَيهِ الْعَوْدَةَ إِلَى مَكْتَبِهِ.

Pia denkt nach.
Vielleicht könnte sie ja ein toller Koch werden.
Und dann ins Fernsehen kommen!
Aufgeregt geht sie in die Küche.
Sie wird Pfannkuchen backen.
Pia mischt Eier und Mehl und Milch,
genau wie Mama immer,
aber irgendwas stimmt nicht,
und die Pfannkuchen werden
nur verbrannter Matsch. Pia seufzt.

فَكَّرَت بِيَا. رُبَّما يُمْكِنُها أَنْ تُصْبِحَ طَبَّاخة رَائِعَة.
وَبَعْدهَا تَظهَرُ عَلَى التِّلْفَازِ!
بِحَمَاس ذَهَبَتْ إِلَى الْمَطْبَخ.
سَوْفَ تَخبِز فَطِيرَةً. خَلطَتْ بِيَا الْبَيْض مَعَ الطَّحِينِ
وَالْحَلِيبِ كَما تَفْعَلُ أُمّهَا دَائِمًا،
لكن شَيْئاً مَا لَيْسَ صَحِيحًا
وَالْفَطِيرَةُ أَصْبَحَتْ فَقَطْ خَلِيط مَحْرُوق.
تَنَهَّدَتْ بِيَا.

Vielleicht könnte sie stattdessen
schöne Fotos machen?
Pia holt Papas alten Fotoapparat und legt los.
Sie fotografiert Blumen und Äpfel, ihren Hamster,
den Himmel und Mamas schicke Schuhe.
Aber als sie sich die Fotos angucken will,
sind sie alle ganz verwackelt. Mist.
Fotografieren kann sie
also auch nicht.

رُبَّما تَسْتَطِيعُ بَدَلا عَنْ ذَلِكَ أَنْ تَعْمَلَ صورًا جَمِيلَة؟
بِيَا أحْضَرَتْ آلَة تَصْوِير قَدِيمَة لِأَبِيهَا وَبَدَأَتْ بالتّصْوِير.
تصَوّرُ الْوُرُودَ وَالتفاحَ، وَ فَأرَها الهَامستر،
السَّمَاءَ وَأحِذَية أُمّهَا الأنِيقَة.
لَكِنْ عنْدَمَا أَرَادَت أَنْ تشَاهِدَ الصُّوَرَ،
كَانَتْ كلها غَيْر وَاضِحَة تَمَامًا. اللّعْنَة.
إذاً هِي لَا تَسْتَطِيعُ التَّصْوِيرَ أَيْضاً.

Am nächsten Tag in der Schule hofft Pia,
dass Frau Waldmann sie nicht noch einmal fragt.
Aber Frau Waldmann hat alle Hände voll
mit Theo zu tun.
Der hat nämlich beim Malen gezappelt
und ein Wasserglas über seinen Ranzen gekippt,
und jetzt sind seine Hefte und Stifte nass,
und sein Pausenbrot ist matschig.

فِي الْيَوْمِ التَّالِي فِي الْمَدْرَسَةِ تَمَنَّتْ بِيَا،
أَنْ لَا تَسْأَلَهَا السَّيِّدَةُ فَالدْمَان مرَّة أُخْرَى.
لَكِنَّ السَّيِّدَة فَالدْمَان مُنْشَغِلَةٌ جِدّاً بِتِيو.
لِأَنّهُ تمَلْمَلَ أَثْنَاءَ الرَّسْمِ وَمالَ كوبَ
الماءِ فَوْقَ حَقِيبَتِهِ الْمَدْرَسِيَّةِ،
وَالْآن دَفَاتِرُهُ وَأَقْلَامُهُ أَصْبَحَت مُبَلَّلَةٌ،
وَخُبْزُهُ أَصْبَحَ طَرِيّاً.

„Ist doch nicht so schlimm“, murmelt er,
aber Frau Waldmann findet das gar nicht.
„Wie willst du denn jetzt schreiben?“,
fragt sie ihn.
Pia stupst Theo an und gibt ihm
einen ihrer Stifte und ein Blatt Papier.
„Hier.“
Und dann auch noch ihr halbes Pausenbrot.
Leberwurst mag sie sowieso nicht.

"لَيْسَ بِهَذَا السُّوء"، هَمْهَمَ تِيو،
لَكِنَّ السَّيِّدَة فَالدْمَان لَمْ تُوافِقْهُ الرَأي.
"كَيْفَ لَكَ ان تَكْتُبَ الْآنَ؟"،
سَألَتَهُ السَّيِّدَةُ فَالدْمَان.
بيا نَكَزَتْ تِيو وَأَعْطَتْهُ قَلَمهَا وَ وَرَقةً.
"خُذ." و بعد ذَلِكَ نِصْفَ قِطعَة خبْز أَيْضاً.
النَقانق المحشُوّة بالكِبْدَة لا تُحِبُّها على أَيِّةِ حَال.

Zu Hause probiert sie an diesem Tag,
ihrem Hamster Fluffel ein paar Tricks beizubringen.
Aber Fluffel will nicht durch einen Reifen springen
und nicht Pfötchen geben und auch nicht tanzen.
Fluffel ist der lahmste Hamster der Welt
und will nur schlafen.
Pia wird jetzt langsam sauer.
Es gibt wirklich nichts, was sie besonders gut kann.
Nicht mal ihr Hamster hört auf sie!

فِي الْبَيْتِ حاوَلَت فِي هَذَا الْيَوْمِ تَعْلِيم
الهامْستر فْلوفِل بَعْض الْخُدَع.
لَكِنَّ فْلوفِل لَا يُرِيدُ أَنْ يَقْفِزَ مِنْ خِلَاَلِ إِطار
وَلا يُرِيدُ أَنْ يُعْطِي كَفَّهُ و لَا يُرِيدُ أَيْضاً أَنْ يَرْقصَ.
فْلوفِل أَكْثَرُ الحَيَوانَات خُمُولا فِي الْعَالَمِ وَلَا يُرِيدُ إلا النَّوْمَ.
بِيَا أَصْبَحَت الْآنَ غَاضِبَة.
لايُوجَد أَيُّ شَيْءٍ تُجيدُه بِشَكلٍ مُمَيَّز.
حَتَّى الهَامِسْتَر لا يَسْتَمِع لَها!

Weil sie so sauer ist,
geht sie runter auf den Spielplatz.
Vielleicht kann sie ja
am höchsten von allen Kindern schaukeln?
Oder am schnellsten klettern?
Aber auf dem Spielplatz ist alles nass,
weil es geregnet hat.
Und keiner ist dort,
der sie bewundern könnte, nur Theo.
„Ich suche meine Katze Mimi“, sagt er zu Pia.
„Die ist abgehauen.“

لِأَنهَا كَانَتْ غَاضِبَةٌ جِدّاً، ذَهَبَتْ إِلَى حَدِيقَة الأَلْعَابِ.
رُبَّما تَسْتَطِيعُ التَّأَرْجُحَ أعْلَى مِنْ جَمِيعِ الأَطْفَالِ؟
أو تَسْتَطِيعُ التَسَلق أسْرَع مِنْهُم؟
لَكِنْ كُل شَيْءٍ فِي حَدِيقَة الأَلْعَابِ مُبَلّلٌ، لِأَنّهَا أَمْطَرَتْ.
وَلَا يُوجَدُ أَحَدٌ هُنَاكَ، لِكَيْ تُبْهِرَهُ، فَقَطْ تِيُو.
"أَبْحَث عَنْ قِطّتِي مِيمِي"، قَالَ لِبِيا.
"لَقَدْ هَرَبَتْ."

T

Pia hilft ihm Mimi zu suchen.
Und tatsächlich – Pia findet Mimi
unter einem Busch.
„Ich habe sie!“, ruft sie Theo zu.
Theo freut sich und nimmt Mimi auf den Arm.
Na, so was. Wenn er Mimi auf dem Arm hat,
zappelt Theo ja gar nicht mehr.
Er streichelt sie ganz lieb und sanft.
„Ich habe zu Hause auch noch einen Hund“,
sagt er.
„Und eine Schildkröte und ein Häschen.“

بِيَا سَاعَدَتْهُ عَلَى إِيْجَادِ مِيمِي.
وَحقًّا – بِيَا وَجَدَتْ مِيمِي تَحْتَ شجَيْرَة.
"لقَدْ وَجَدْتها"، نَادَتْ تِيُو.
تِيُو فَرِحَ وَأَخَذَ مِيمِي فِي حضْنِهِ.
حَسَنًا، مَاذَا فِي ذَلِكَ.
عِنْدَمَا أَخَذَ مِيمِي فِي حضْنِهِ،
لَمْ يَعُدْ تِيُو يَتَمَلْمَلُ عَلَى الإِطْلَاقِ.
هُوَ يُدَاعِبُهَا بِكُلِّ حُبٍّ وَلَطَافَةٍ.
"لَدَيَّ فِي الْمَنْزِلِ كَلْبٌ أيضاً"، قَالَ تِيُو.
"وأيضاً سُلَحْفَاة وَأَرْنَب صَغِير."

Am nächsten Tag in der Schule
erinnert sich Frau Waldmann leider wieder an Pia.
„Wir haben ja noch gar nicht gehört,
was Pia gut kann“, sagt sie
und lächelt Pia aufmunternd zu.
Pia wird ganz heiß.
„Ich kann ...“, setzt sie an
und dann weiß sie nicht mehr weiter.
Jemand kichert.
Da sagt auf einmal Theo:
„Pia kann toll helfen. Und teilen.
Und verlorene Kätzchen finden.
Und sie ist immer nett zu allen.“

فِي الْيَوْمِ التالِي فِي الْمَدْرَسَةِ تَذَكَرَتْ
السَّيِّدَةُ فَالدْمَان لِلْأَسَفِ بِيَا مرَّةً أُخْرَى.
"إِنّنَا لَمْ نَسْمَعْ حَتَّى الْآن، ماذا تُجِيدُ بيا"،
قَالَتْ وَاِبْتَسَمَتْ لبِيَا بِشَكْلٍ مُشَجّعٍ.
بِيَا أَصبَحَتْ خَجُولَة جِدّاً.
"أَنَا أَسْتَطِيعُ..."، جَلَسَتْ وَبَعْدَ ذَلِكَ لم تَعْرِفُ كَيْفَ تتَابِعْ.
أَحَدهُمْ قَهْقَهَ. فَجأة قَال تِيُو: "بِيَا تَسْتَطِيعُ الْمُسَاعَدَة بِشَكْلٍ رَائِعٍ.
وَتُساهِم. وَتَجِدُ الْقِطَطَ الضَّائِعَةَ. وَهِي لَطِيفَةٌ مَعَ الْجَمِيعِ."

Frau Waldmann nickt beeindruckt.
„Ein guter Freund zu sein ist gar nicht so einfach“,
sagt sie. „Das ist wirklich was Besonderes, Pia.
Und was kannst du gut, Theo?“
Theo wird ganz still und verlegen.
Und weil Pia weiß, wie er sich fühlt,
sagt sie ganz laut:
„Theo kann super gut mit Tieren umgehen.
Er hat ganz viele.“
Und das Beste ist – die wird er ihr
heute Nachmittag alle zeigen.

أَوْمَأَتْ السَّيِّدَةُ فَالدْمَان مُنْدَهِشَة و قَالَتْ
"أَنْ تَكُونَ صَدِيقاً جَيِّداً لَيسَ بِالْأَمْرِ السَّهْلِ أبَدًا.
هَذَا حَقًّا شَيْءٌ مُمَيَّزٌ، بِيا. وَمَاذَا تجِيدُ، تِيُو؟"
تِيُوأَصْبَحَ هَادِئًا جِدّاً وَشَعَرَ بالإحراجِ.
وَلِأَنَّ بِيا تَعْرِفُ كَيْف يَشْعُرُ، قَالَتْ بِصَوْتٍ مُرْتَفِع جِدّاً:
"تِيُو يَسْتَطِيعُ التَّعَامُلَ مَعَ الْحَيَوَانَاتِ بِشَكْلٍ جَيِّدٍ جِدّاً.
لدَيْهِ الكثير."
وَالْأَفْضَلُ مِن ذَلِكَ – أَنّهُ سَيُرِيهَا لَكُمْ الْيَوْمَ مَسَاءًا.

Leserätsel

Hast du die Geschichte genau gelesen? Dann kannst du sicher die folgenden Fragen beantworten. Setze den Buchstaben vor der richtigen Antwort in die unten stehenden Kästchen ein und du bekommst ein Lösungswort. Ein Tipp: es hat etwas mit dieser Geschichte zu tun!

Fragen zur Geschichte:

1. Ein Talent ist etwas, ...

H: ... was man gut kann.
W: ... was man essen kann.
C: ... was man kaufen kann.

2. Was spielt Ben besonders gut?

M: Gitarre
A: Geige
K: Fußball

3. Wie viele Sprachen kann Yasmin sprechen?

D: Keine
P: Zwei
U: Vier

4. Welche Position spielt Ahmet beim Fußball?

V: Stürmer
S: Torwart
B: Verteidiger

Lösungswort: HAUSTIER

5. Was für ein Haustier hat Pia?

G: Ein Pferd

J: Eine Katze

T: Einen Hamster

6. Wie hilft Pia Theo in der Schule?

O: Sie gibt ihm Nachhilfe in Mathe.

I: Sie leiht ihm Stift und Papier,
weil seine Sachen nass sind.

L: Sie zeigt ihm, wie man auf dem Stuhl kippelt.

7. Was kann Fluffel machen?

F: Tanzen

E: Schlafen

Z: Durch einen Reifen springen

8. Was ist Pias besonderes Talent?

R: Sie ist eine gute Freundin.

A: Sie kann super kochen.

N: Sie macht tolle Fotos.

Lösungswort:

1	2	3	4	5	6	7	8

5. ما هُوَ الحَيَوان الذَي لَدَى بِيَا؟

ض : حِصَان
ط : قِطَّة
م : هَامسْتر

6. كَيْفَ سَاعَدَت بِيا تِيو فِي المَدْرَسَة ؟

ع : أَعْطَتْه دُرُوس فِي الرِّيَاضِيّات
ر : أَعَارَتْه قَلَم وَورَقَة لأَنّ أَغْرَاضه أَصْبَحَت مُبَلَّلة
ف : أَظْهَرَت لَه كَيْفَ يَسْتَطِيع المَرْء التَمَايُل عَلَى الكُرْسي

7. ماذا يَسْتَطيع فْلوفل فِعْله؟

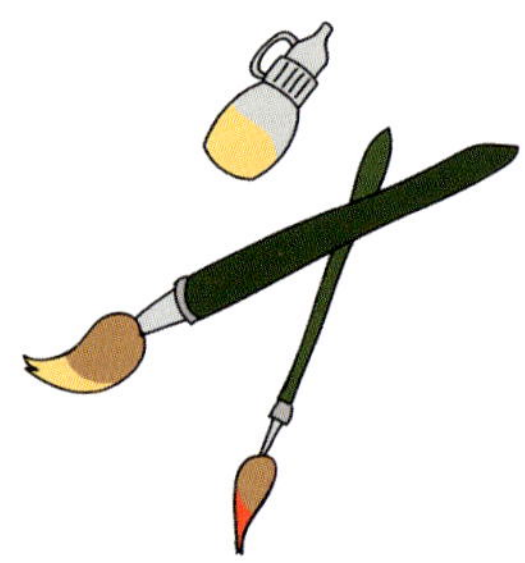

ل : الرَّقْص
م : النَّوْم
ن : القَفْز مِن خِلَال إِطَار

8. ما هِيَ مَوْهِبة بِيا المميزة؟

ى : هِي صَدِيقة جَيّدة
ن : تَسْتَطِيع الطَّبْخ جيّداً
هـ : تَسْتَطِيع عَمَل صُوَر رَائِعَة

كَلمَة الإِجَابَةِ :

8	7	6	5	4	3	2	1